Juegos de Lectura
LECTURA EFICAZ

El País de los Cuentos

Bruño

GRUPO ANAYA

¿A QUÉ JUGAMOS?

2

SALIDA

3

Las reglas del juego

PASO 1 Leed el texto y observad atentamente la cubierta y la contracubierta de vuestro libro *El País de los Cuentos.*

PASO 2 Leed estas pistas para saber cómo va a mejorar vuestra lectura.

LEO Y COMPRENDO
LEO Y PIENSO
LEO A MI ALREDEDOR
LEO EN VOZ ALTA

→ Comprenderé todo tipo de textos.
→ Organizaré mis ideas.
→ Leeré mejor en voz alta.

CONOZCO LA LENGUA

→ Aprenderé el significado de las palabras y cómo emplearlas.

ENTRENO MI VISTA

→ Sabré concentrarme mejor.

ENTRENO MI MEMORIA

→ Reforzaré mi memoria visual.

ESCUCHO Y COMPRENDO

→ Comprenderé mejor las lecturas que escucho.

¿Qué necesitas?

➜ Fichas de color para cada jugador.
➜ Un dado.

¡ME GUSTA LEER!

1 Di dos cosas que describan a la protagonista de esta historia.

CONTRACUBIERTA

2 ¿Dónde había una puerta oculta?

3 ¿Cuál era el mundo diferente al que se entraba por la puerta oculta?

4 ¿Con qué se comercia en el País de los Cuentos?

5 ¿Cómo se hacen realidad los sueños en ese país?

PASO **3** Tapad las pistas con una hoja de papel.

PASO **4** Organizaos en grupos de 3 o 4 participantes. Uno de vosotros arbitrará el juego y dirá si las respuestas son válidas.

PASO **5** El primer jugador tira el dado y avanza las casillas que indique (puede iniciar el juego el participante que saque el número más alto).

PASO **6** ■ Si cae en una casilla vacía, pierde la vez.
■ Si cae en una casilla con círculo de color, tiene que explicar en qué le ayudará este tipo de actividad.
■ Si cae en una casilla numerada, contestará a la pregunta sobre la cubierta y la contracubierta.

PASO **7** ■ Si aciertas, adelantas una casilla.
■ Si fallas, retrocedes dos casillas y pasas el turno a otro jugador.

PASO **8** Gana quien llegue primero a la meta.

LEE EN SILENCIO

Puedes consultar el libro las veces que lo necesites

 ¡Empezamos!

Lee de la **página 5** a la **11** y, después, realiza las actividades.

→ **¿En qué casa ha dormido Clara?**

a En su casa.

b En casa de su abuela.

c En casa de su tía.

→ **¿Qué tiempo hace al despertarse?**

a Está lloviendo.

b Hace un sol radiante.

c Ha nevado.

→ **¿Qué piensa Clara que no va a volver a ocurrir?**

a Nevar.

b Dormir en casa de su abuela.

c Celebrar su cumpleaños.

→ **¿Adónde le propone ir la abuela a Clara?**

a Al supermercado.

b A la Biblioteca Municipal.

c Al polideportivo.

→ **¿Qué le dice la abuela a Clara?**

☐ Vamos a salir al parque a tirarnos bolas de nieve.

☐ Hay un lugar al que quiero regresar hace tiempo.

→ **Numera estas situaciones del 1 al 4 según el orden en que se suceden.**

☐ La abuela y Clara miran cómo nieva por la ventana.

☐ Clara se despierta en casa de su abuela con la luz del amanecer.

☐ La abuela sugiere ir a la Biblioteca Municipal.

☐ Clara propone ir a tirar bolas y a hacer muñecos de nieve.

→ **Indica si cada una de estas afirmaciones es una opinión (O) o un hecho (H).**

	O	H
1 Los tejados están cubiertos de nieve.	☐	☐
2 Todo parece más silencioso de lo normal.	☐	☐
3 La Biblioteca Municipal es un sitio estupendo.	☐	☐
4 En la Biblioteca te dejan tocar todos los libros.	☐	☐

Juega con las palabras

Busca cada palabra en la página indicada del libro. Lee el párrafo en el que está para deducir su significado.

→ **Escribe el número de cada palabra junto a su significado.**

1 **amanecer** (página 5)

2 **silencioso** (página 5)

3 **seriedad** (página 6)

4 **resfriada** (página 6)

5 **desperdiciar** (página 6)

6 **exagerada** (página 8)

7 **pensativa** (página 8)

8 **gabardina** (página 9)

9 **regresar** (página 9)

10 **biblioteca** (página 10)

☐ Que está absorta en sus pensamientos.

☐ Que tiene un catarro o enfriamiento.

☐ Volver a un lugar del que se partió.

☐ Prenda de tela impermeable.

☐ Que no hace ruido.

☐ Tiempo durante el cual amanece.

☐ Lugar con libros para la lectura.

☐ Desaprovechar o emplear mal algo.

☐ Que actúa de forma desmedida.

☐ Responsabilidad, atención, sensatez.

→ **Rodea la gabardina.**

→ **Señala las oraciones en las que la palabra resaltada se usa correctamente**

☐ Me encanta ver los colores del **amanecer** cuando el sol sale.

☐ El gato caminaba de manera **silenciosa** para no despertar al bebé.

☐ Me gusta **desperdiciar** mis juguetes en la caja y mantener mi cuarto ordenado.

☐ La historia que contó Pedro sobre el pez gigante era muy **exagerada**.

☐ La playa estaba muy **pensativa** con el ruido de las olas.

Encaja las piezas

Escribe cuatro oraciones utilizando un grupo de palabras de cada columna.

Los tejados	sabía	que fui	acerca de la nieve.
Eso	están	cubiertos	por última vez!
Yo	más de veinte años	a poder ser,	de nieve.
¡Hace	no va	muchas historias	Clara.

1 ....

2 ....

3 ....

4 ....

En clave

Lee el texto y elige las **dos palabras que consideres más importantes** para resumirlo.

Hay un lugar al que quiero regresar hace tiempo. ¡Hace más de veinte años que fui por última vez! Y, ahora que se me están empezando a olvidar las historias, creo que ha llegado el momento de volver.

→ **He elegido las palabras...**

.... : porque ....

.... : porque ....

Letras repetidas

Escribe las letras de cada conjunto que se repiten dos veces.

K	B	H	V
A	B	D	Q
Q	Ñ	W	Ñ
L	C	M	X

A	E	F	L
G	L	K	I
N	E	R	M
F	J	D	S

O	P	Q	H
I	Z	B	R
H	A	C	Z
W	O	N	T

P	Q	L	E
I	S	V	Y
H	X	Z	S
L	I	B	C

N	V	Ñ	A
G	F	B	E
O	M	P	A
R	T	G	N

M	N	V	R
X	O	J	H
D	R	G	U
J	W	X	C

¿Qué sabes de la lectura en voz alta?

Marca V o F al lado de cada afirmación, según sea verdadera o falsa.

	V	F
1 Cuando se lee para uno mismo, se lee en silencio.	☐	☐
2 Cuando se lee para los demás, se lee en voz alta.	☐	☐
3 La postura no importa; lo ideal es balancearse y moverse.	☐	☐
4 Hay que mirar a los oyentes para captar su atención.	☐	☐

→ ¿Qué es lo más importante cuando lees en voz alta?

☐ Leer haciendo muchas pausas.

☐ Que entiendan tu mensaje.

☐ Leer todo en el mismo tono.

→ Compara las respuestas con las de tus compañeros y compañeras.

Solo con los ojos

Lee las palabras de cada etiqueta de un solo golpe de vista.

Abre   los ojos   y ve el techo   alto y blanco,   la lámpara

de cristales   de colores   y el despertador   dorado

sobre la mesilla.   Luego   se levanta,   se calza   las zapatillas

y va   hasta la ventana.   ¡Ha nevado!

→ **¿Qué ha ocurrido al levantarse?**

_____

Lee las palabras varias veces fijando la vista en el punto.

sol ● contar   jueves ● libros

abrir ● así   hoy ● luz

cuando ● libros   abuela ● bajito

→ **¿Qué palabra se repite dos veces?** _____

Busca, en las columnas del mismo color, las palabras que son diferentes. Subráyalas en las columnas 3 y 4.

1	**2**	**3**	**4**
Clara	calza	Clara	calzo
casa	mano	casa	mano
nieve	sitio	nieva	sitio
libros	cosa	libros	cosa
señor	rasca	señor	masca
techo	abuela	techo	abuela
casa	algo	caso	algo
lugar	copos	lugar	copas

→ **Responde rápidamente.**

En la columna 1...

- ¿Cuántas palabras no llevan **a**? ☐
- ¿Cuántas palabras terminan en **r**? ☐

Previsión meteorológica

Lee esta previsión meteorológica y responde a las preguntas.

Previsión meteorológica: Alerta por nieve

Este sábado se esperan nevadas en toda la provincia desde primera hora de la mañana, con acumulaciones entre 5 y 10 centímetros. La temperatura oscilará entre los −2 °C y los 3 °C, con vientos moderados del norte que aumentarán la sensación de frío. Siga estas recomendaciones para salir:

Vístase con varias capas de ropa para mantener el calor. Utilice gorro, guantes y bufanda.

Póngase botas con suelas de goma que tengan buen agarre para evitar caídas.

Evite caminar por zonas donde pueda haber hielo. En zonas con nieve, camine despacio.

En zonas con escalones o rampas, utilice barandillas si están disponibles.

→ **Indica si las siguientes afirmaciones son verdaderas (V) o falsas (F).**

	V	F
1 Las nevadas comenzarán a primeras horas de la mañana.	☐	☐
2 Se prevé que el viento sople fuerte desde el noreste.	☐	☐
3 Conviene caminar por zonas con mucha nieve.	☐	☐
4 Hay que utilizar barandillas si están disponibles.	☐	☐
5 Las temperaturas oscilarán entre los −2 °C y los 3 °C.	☐	☐

→ **¿Qué información de la noticia te parece más importante?**

....

→ **¿Qué otra recomendación añadirías?**

....

LEE EN SILENCIO

Puedes consultar el libro las veces que lo necesites

¡Empezamos!

Lee de la página 12 a la 18 y, después, realiza las actividades.

→ **¿Qué recuerda la abuela del País de los Cuentos?**

a El volcán de la isla.

b El mercado al aire libre.

c El atardecer en la playa.

→ **¿Cómo se llama la abuela de Clara?**

a Genoveva.

b Antonia.

c Esther.

→ **¿Qué otro nombre utiliza la abuela para referirse al País de los Cuentos?**

a Revipitricuetabritri.

b Chachipiruli.

c Chiribiquitroli.

→ **¿En qué parte de la biblioteca está la puerta al País de los Cuentos?**

a En la sección de cuentos.

b En la sección de Historia.

c En la sección infantil.

→ **Marca con una cruz las dos afirmaciones que son verdaderas.**

☐ La abuela ya no se acordaba del País de los Cuentos.

☐ Los adultos son capaces de ver cosas que los niños no ven.

☐ Los niños, normalmente, no tienen demasiada imaginación.

☐ Para entrar en el País de los Cuentos, hay que abrir los ojos de la imaginación.

☐ La Biblioteca Municipal está muy cerca de la casa de la abuela.

→ **Numera estas situaciones del 1 al 4, según el orden en el que suceden.**

☐ Clara le pide a la abuela que le explique cómo es el País de los Cuentos.

☐ La abuela saluda a la mujer encargada de la biblioteca.

☐ La abuela cuenta que últimamente piensa mucho en Revipitricuetabritri.

☐ Clara pregunta qué tienen que hacer para entrar al País de los Cuentos.

Juega con las palabras

Busca cada palabra en la página indicada del libro. Lee el párrafo en el que está para deducir su significado.

→ **Escribe el número de cada palabra junto a su significado.**

1 **locura** (página 12)

2 **asombro** (página 12)

3 **posible** (página 14)

4 **demasiado** (página 14)

5 **mostrador** (página 18)

6 **sección** (página 18)

☐ Mesa larga que hay en las tiendas.

☐ Mucho, excesivo.

☐ Que puede ser o se puede realizar.

☐ Parte, área.

☐ Sorpresa grande, maravilla.

☐ Algo con poco sentido común.

Texto numerado

Lee este texto numerado.

1 Yo entré por primera vez

2 en el País de los Cuentos

3 más o menos cuando

4 tenía siete años.

5 Durante mucho tiempo,

6 mi imaginación me permitió

7 volver a él una y otra vez.

8 Pero cada vez tardaba

9 más tiempo en regresar.

10 Y luego dejé de ir,

11 no sé por qué.

12 Supongo que mi imaginación

13 se fue oxidando con los años.

14 Pero eso no significa

15 que el País de los Cuentos

16 haya dejado de existir.

→ **Escribe en qué línea aparecen las siguientes palabras.**

• país: _____   • imaginación: _____   • significa: _____   • supongo: _____

• existir: _____   • oxidando: _____   • regresar: _____   • dejé: _____

→ **¿En qué renglones están las respuestas a estas preguntas?**

☐ ¿Qué pasó por primera vez cuando tenía más o menos siete años?

☐ ¿Qué le permitió volver al País de los Cuentos una y otra vez?

☐ ¿Qué le ocurrió a su imaginación con los años?

Verdadero o falso

Vuelve a leer el texto de la página anterior.

➡ **Indica si las siguientes afirmaciones son verdaderas (V) o falsas (F).**

	V	F
1 La abuela visitó el País de los Cuentos por primera vez con siete años.	☐	☐
2 La imaginación de la abuela se mantuvo fuerte con los años.	☐	☐
3 La abuela dejó de ir al País de los Cuentos porque no le gustaba.	☐	☐
4 Cada vez, la abuela tardaba más en regresar al País de los Cuentos.	☐	☐
5 Años después, el País de los Cuentos dejó de existir para siempre.	☐	☐

En resumen

Marca con una ✗ el resumen que te parezca más apropiado para este texto.

—Yo pienso que los niños a veces son capaces de ver cosas que los adultos no ven. Las personas mayores casi siempre están demasiado ocupadas o nerviosas para captar la magia que habita dentro de cada uno de nosotros.

| Casi todos los adultos están ocupados o nerviosos. | Los niños y los adultos son capaces de ver la magia que habita dentro de ellos. | Los niños ven cosas que los adultos no ven por estar ocupados. |

Al revés

Relaciona las palabras de la columna A con las que están escritas a la inversa en la columna B.

¡Fíjate en el ejemplo!

A		B
A adultos		secapac
B capaces		atreup
C magia		nóicanigami
D estante	A	sotluda
E puerta		etnatse
F imaginación		aigam

A	B
A biblioteca	aleuba
B ordenador	odneyel
C abuela	rejum
D lamparitas	rodanedro
E leyendo	satirapmal
F mujer	acetoilbib

¿Cómo pronuncias?

Practica con estos trabalenguas para mejorar tu pronunciación.

Yo poco coco como,
poco coco como yo.
Si poco coco yo como,
poco coco compro yo.

Cuando cuentas cuentos
cuenta cuántos cuentos cuentas,
porque si no cuentas
cuántos cuentos cuentas,
no sabrás cuántos
cuentos cuentas tú.

Aviso al público de la república
que el agua pública se va a acabar,
para que el público de la república
tenga agua pública para tomar.

Autoevaluación

¿**Pronuncias** correctamente el texto para que te entiendan con claridad?

Valóralo del 1 al 10

1 2 3 4 5 6 7 8 9 10

Solo con los ojos

Lee el texto saltando de la columna izquierda a la derecha.

La Biblioteca Municipal   está muy cerca

de la casa   de la abuela,

en una plaza   con árboles y columpios.

Dentro hay   muchas mesas

individuales   con lamparitas verdes.

→ **¿Qué hay dentro de la Biblioteca Municipal?**

....

Lee las palabras varias veces fijando la vista en el punto.

adultos ● libros	probar ● puerta
mirar ● mujer	verdes ● vacías
plaza ● nerviosas	abuela ● adultos

→ **¿Qué palabra se repite dos veces?** ....

**Escribe las palabras que se repiten en cada columna
y el número de veces que lo hacen.**

A

ojos
feliz
mundo
aire
bonito
colores
feliz
años
mundo
tiempo
feliz
bonito

B

playa
puerta
cabeza
niña
playa
todo
cabeza
cuento
niña
playa
nombre
cabeza

A

....

....

....

B

....

....

....

Normas de la biblioteca

Lee atentamente estas normas y, luego, realiza las actividades.

Hazte socio
Hazte el carné de la biblioteca para llevarte libros a casa y participar en actividades.

Habla en voz baja
Habla en susurros para no molestar a las demás personas.

¡Diviértete y aprende!
La biblioteca es un lugar para disfrutar y aprender.

Devuelve los libros a tiempo
Asegúrate de devolver los libros en la fecha que te dijeron.

Siéntate y lee
Encuentra un lugar tranquilo para sentarte y leer.

Cuida los libros
No rompas, arrugues ni escribas en los libros.

Pide ayuda
Si necesitas algo, pregunta a las personas que trabajan en la biblioteca. Están para ayudarte.

No comas ni bebas
Ayuda a mantener los libros limpios no comiendo ni bebiendo en la biblioteca.

→ **Indica si las siguientes afirmaciones son verdaderas (V) o falsas (F).**

	V	F
1 Es importante hablar en voz baja para no molestar.	☐	☐
2 Está permitido beber y comer si estás estudiando.	☐	☐
3 Puedes escribir tus pensamientos en los libros.	☐	☐
4 Se debe respetar la fecha de devolución.	☐	☐

→ **Señala las palabras que mejor resumen las normas de la biblioteca.**

☐ Silencio.   ☐ Movimiento.   ☐ Cuidado.   ☐ Respeto.

☐ Desorden.   ☐ Limpieza.   ☐ Retraso.   ☐ Comida.

→ **¿Qué norma te parece más difícil de cumplir? ¿Por qué?**

_____

JUEGO 3

¡Empezamos!

Lee de la **página 19** a la **26** y, después, realiza las actividades.

→ **¿Cómo es la puerta para entrar al País de los Cuentos?**

a Redonda y metálica.

b Redonda y dorada.

c Redonda y de madera.

→ **¿Con quién se encontraron en la playa nada más llegar?**

a Con el rey.

b Con el alcalde.

c Con una escultora.

→ **¿Qué hay al otro lado del túnel?**

a Un río.

b El mar.

c Un camino.

→ **En lo alto de la colina se ve un gran palacio...**

a con torres azules, rosas y verdes.

b con murallas color caramelo.

c con soldados vigilando en la puerta.

→ **Marca con una cruz las dos afirmaciones que son verdaderas.**

☐ Clara y la abuela dejaron el estante de la biblioteca casi vacío.

☐ Abrieron la puerta al País de los Cuentos, sin hacer ruido.

☐ Frente al mar, se extiende una montaña de dunas.

☐ El alcalde busca conchas y caracolas para hacer cajas decoradas.

→ **¿Qué aspecto tiene el País de los Cuentos?**

☐ Está junto al mar.

☐ Es oscuro y peligroso.

☐ Tiene casitas de colores.

☐ Hay islas alrededor.

☐ Lo rodea una selva.

☐ Hay rocas de color caramelo.

☐ Se ven nubes rosas y verdes.

☐ Está deshabitado.

→ **¿Por qué crees que la abuela duda y quiere volver a colocar los libros en el estante?**

Juega con las palabras

Busca cada palabra en la página indicada del libro. Lee el párrafo en el que está para deducir su significado.

➡ **Marca la definición correcta.**

- **murmura** (página 20)
  - ☐ Habla junto a un muro.
  - ☐ Habla muy bajo.

- **aspirador** (página 22)
  - ☐ Máquina que succiona el polvo.
  - ☐ Molino con aspas muy grandes.

- **delicado** (página 26)
  - ☐ Fácil de romper.
  - ☐ Delicioso.

- **resplandor** (página 22)
  - ☐ Luz muy brillante.
  - ☐ Zona plana y retirada.

- **ilustración** (página 24)
  - ☐ Ilusión que no se cumple.
  - ☐ Dibujo en un libro.

- **correo** (página 26)
  - ☐ Corredor que lleva cosas.
  - ☐ Servicio que lleva cartas.

➡ **Elige una palabra del ejercicio anterior de la que no conocías su significado o te parezca difícil. Escribe una oración con ella.**

Palabra: ....

Oración: ....

....

➡ **Señala la oración en la que la palabra resaltada se usa correctamente.**

- ☐ La gente **murmura** cuando pasan disfrazados por la calle.
- ☐ Tenía la **ilustración** de que le harían una fiesta sorpresa.

➡ **Señala la imagen que se corresponde con la palabra del ejercicio anterior.**

☐ ☐ ☐

Encaja las piezas

Elige un grupo de palabras de cada columna y forma cuatro oraciones. Escríbelas debajo.

La abuela se detiene

en el suelo con cuidado.

Clara los va apilando

para todos los habitantes del país.

El viento las empuja

delante de una estantería.

Fabrica cajas

hasta una playa dorada y tranquila.

1 _____

2 _____

3 _____

4 _____

Sigue las pistas

Lee las pistas y averigua cuál es el palacio del País de los Cuentos.

Tiene torres de color azul, verde y rosa.

Se sitúa en lo alto de una colina.

Lo rodean casitas de colores.

→ **El palacio del País de los Cuentos es el:** _____

🟠 ¡Mucha atención!

Escribe cuántas veces se repiten las letras o los números indicados en cada recuadro.

f	d	u	r	s
b	q	v	p	g
x	p	q	n	m
u	c	s	b	n
o	d	u	m	v

u: .... n: ....

v: .... m: ....

4	3	2	8	1
6	7	9	4	5
1	9	2	3	7
8	5	9	0	4
3	6	7	1	2

2: .... 8: ....

4: .... 9: ....

🟣 ¿Usas el volumen adecuado?

Lee cada línea con la intensidad indicada.

alto →	Clara siente que un viento
bajo →	muy fuerte la empuja hacia delante.
normal →	Es como si el túnel, de pronto,
bajo →	se hubiese convertido en un enorme aspirador.
alto →	De la mano de su abuela, Clara entra en él,
muy alto →	arrastrada por el viento. Es un túnel larguísimo.
bajo →	Al final se ve el mar brillante y azul.
normal →	El viento las empuja hasta una playa dorada y tranquila.
muy alto →	Las botas de Clara se hunden en la arena.
normal →	El viento ha dejado de soplar.
muy alto →	Clara mira hacia atrás, pero el túnel ya no está.

Autoevaluación

¿Has usado la intensidad y volumen adecuados para leer el texto?

Valóralo del 1 al 10 → 1 2 3 4 5 6 7 8 9 10

Solo con los ojos

Lee las palabras de cada etiqueta de un solo golpe de vista.

Clara   señala   a un hombre calvo   que camina   descalzo

al borde del mar.   De vez en cuando,   el hombre

se agacha   a recoger   una concha   o un trocito de coral.

➔ **¿Por dónde camina el hombre?** _____

Lee las palabras varias veces fijando la vista en el punto.

hombre ● torres	libros ● correos
concha ● calvo	gente ● pierna
coral ● real	leyes ● concha

➔ **¿Qué palabra se repite dos veces?** _____

Subraya las palabras que han cambiado en la hoja de la izquierda.

El País de los Cuentos...
¡Existe de verdad! Y pensar
que había llegado a creer
que me lo había inventado...
¡Mira, hija! ¿No es maravilloso?
Mira el palacio, mira esas
rocas de color caramelo
a la orilla del mar,
y esas nubes rosas
y verdes...

El País de los Cuentos...
¡Es de verdad! Y pensar
que había llegado a creer
que me lo había imaginado...
¡Mira, Clara! ¿No es increíble?
Mira el castillo, mira esas
rocas de color carbón
a la orilla del mar,
y esas nubes rojas
y verdes...

Una ficha de lectura

Observa con atención esta información y realiza las actividades.

CÓMO HACER LA FICHA DE UN LIBRO

1 Título. Escribe el título del libro. Por ejemplo, *Peter Pan.*

2 Autor. Escribe el nombre del autor. En este caso es J. M. Barrie.

3 Editorial. Escribe el nombre de la editorial. Por ejemplo, Bruño.

4 Cubierta. Dibuja la cubierta en un papel, incluyendo personajes o escenas.

5 Personajes principales. Haz una lista de los personajes más importantes: Peter Pan, Wendy, Capitán Garfio...

6 Resumen. Redacta un resumen corto. Ejemplo: «Peter Pan vive en Nunca Jamás y lleva a Wendy y sus hermanos a un mundo mágico donde luchan contra el Capitán Garfio».

7 Parte favorita. Escribe tu parte favorita y por qué te gustó. Ejemplo: «Me gustó cuando vuelan por primera vez porque me hizo soñar con volar».

8 Recomendación. Escribe si recomendarías este libro y por qué. Ejemplo: «Recomiendo *Peter Pan* porque es una historia llena de aventuras y magia».

➜ **Indica si las siguientes afirmaciones son verdaderas (V) o falsas (F).**

	V	F
1 Al hacer la ficha de un libro es fundamental incluir el título.	☐	☐
2 Es muy importante dibujar tu parte favorita del libro.	☐	☐
3 Hay que incluir a todos los personajes que salen en el libro.	☐	☐
4 No puede faltar un resumen del libro.	☐	☐
5 No es necesario explicar por qué recomendarías el libro.	☐	☐

➜ **¿Te parece completa la ficha con estos apartados? ¿Qué otros apartados podrían incluirse?**

....

....

Organiza las ideas

Fíjate en las palabras de este texto y dónde se colocan en el gráfico.

| concepto central | | conceptos principales |

La **biblioteca** tiene estanterías con libros, sillas y mesas y ordenadores.

palabras de enlace

¡Ahora tú!

→ Rodea con un círculo rojo el concepto central y con un círculo azul los conceptos principales. Subraya las palabras de enlace.

En la biblioteca escolar hay cuatro tipos de libros: enciclopedias, libros de consulta, libros de lectura y cómics.

→ Coloca cada palabra en su lugar correspondiente.

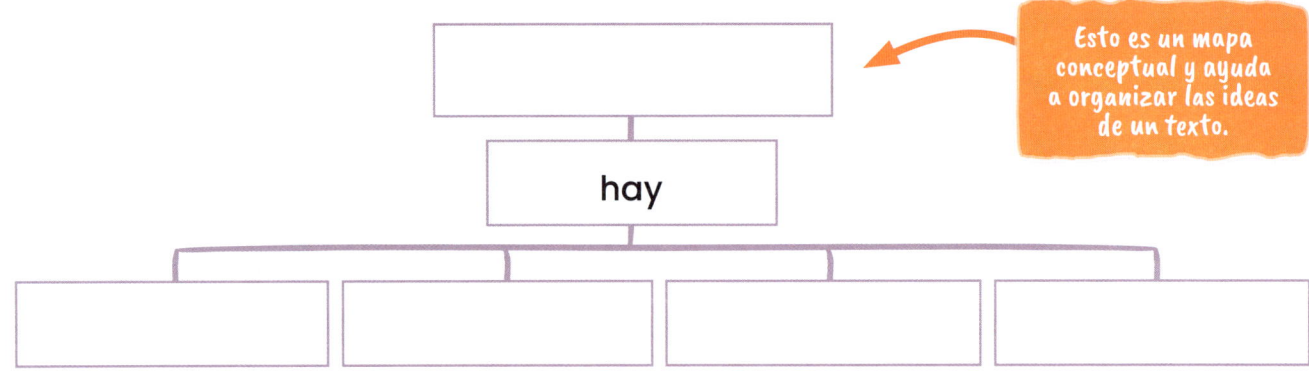

hay

Esto es un mapa conceptual y ayuda a organizar las ideas de un texto.

¡Y al revés!

→ Escribe el texto que corresponda a las palabras del gráfico.

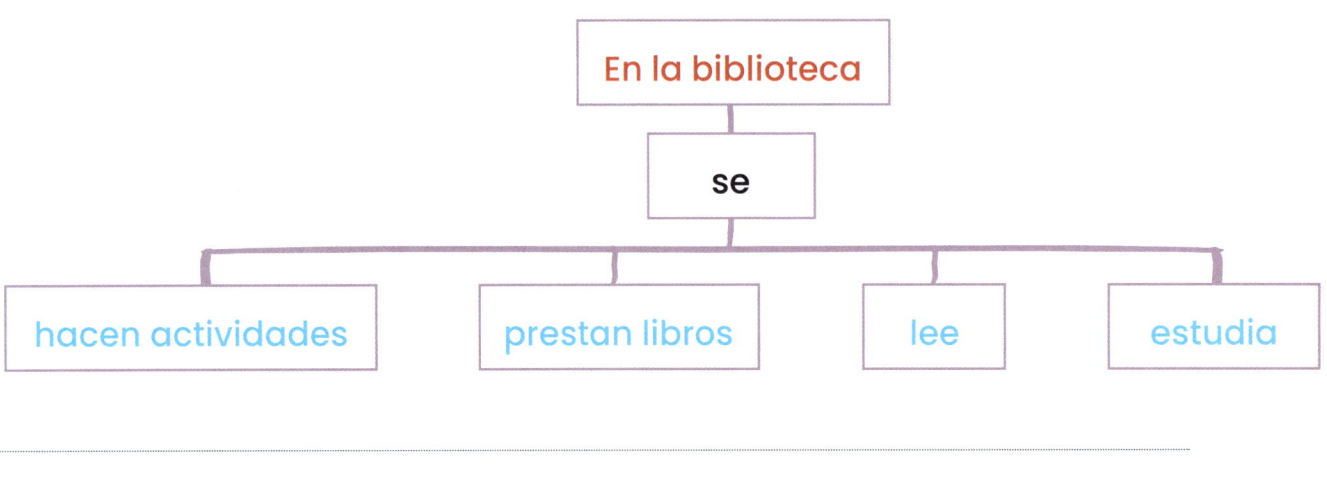

En la biblioteca

se

hacen actividades   prestan libros   lee   estudia

El túnel secreto

Presta mucha atención al texto que vas a escuchar. Luego, realiza las actividades.

El texto está en las páginas 20 a 22 del libro.

➡ **¿Qué encuentra la abuela entre los libros de la estantería?**

a Una carta antigua.

b Los ejemplares de *Peter Pan* y *El Mago de Oz*.

c Un diario personal.

➡ **¿Qué ocurre cuando sacan los libros de la estantería?**

a Los libros desaparecen por arte de magia.

b La bibliotecaria les riñe.

c Aparece una puerta redonda.

➡ **¿Qué resuena muy lejos cuando Clara ve el túnel?**

a El sonido de una fuerte tormenta.

b El eco de las olas.

c La voz de Genoveva.

➡ **¿Qué sucede cuando Clara mira fijamente la puerta?**

a Se transforma en un espejo.

b Desaparece y muestra un túnel.

c Aparece un jardín secreto.

➡ **Numera del 1 al 4 estas situaciones según el orden en el que suceden.**

☐ Clara y su abuela son arrastradas por un fuerte viento dentro del túnel.

☐ Clara y su abuela sacan los libros de la estantería.

☐ Aparece una puerta redonda detrás del estante.

☐ Llegan a una playa dorada y tranquila.

➡ **Relaciona con flechas cada personaje con lo que puede pensar.**

Clara •   • ¿Quién ha desordenado los libros?

La abuela •   • ¡Qué nervios! ¿Qué va a ocurrir?

Genoveva •   • Nos van a descubrir y vamos a hacer el ridículo.

➡ **Inventa un nuevo título para el texto que has escuchado.**

....

....

¡Empezamos!

Lee de la **página 27** a la **34** y, después, realiza las actividades.

→ **¿Cómo se paga en el País de los Cuentos?**

a Con monedas de oro.

b Con historias, poemas, chistes y adivinanzas.

c Con tarjetas de crédito.

→ **¿Dónde se guardan las historias?**

a En las bibliotecas.

b En las escuelas.

c En el banco.

→ **¿Qué representan las monedas de cobre en el País de los Cuentos?**

a Chistes.

b Poemas.

c Pares de palabras.

→ **¿Quién es el rey del País de los Cuentos?**

a El pintor de casas.

b El zapatero.

c El escultor de arena.

→ **Marca con una cruz las dos afirmaciones que son verdaderas.**

☐ El dinero en el País de los Cuentos son historias.

☐ Las historias más largas siempre tienen más valor.

☐ María es una escultora de arena que crea figuras en la playa.

☐ Todas las casas del País de los Cuentos son de color violeta.

→ **¿Qué representa cada tipo de billete?**

Billetes verdes ●   ● Historias de misterio

Billetes azules ●   ● Historias que hacen reír

Billetes granates ●   ● Historias tristes que hacen llorar

Billetes amarillos ●   ● Historias curiosas

→ **¿Por qué crees que la gente en el País de los Cuentos valora más las historias que el dinero?**

....

....

....

Juega con las palabras

Busca cada palabra en la página indicada del libro. Lee el párrafo en el que está para deducir su significado.

→ **Escribe el número de cada palabra junto a su significado.**

1 **adivinanza** (página 29)

2 **conmovedora** (página 29)

3 **misterio** (página 30)

4 **inversión** (página 31)

5 **marea** (página 32)

6 **colina** (página 34)

☐ Movimiento del mar, que sube y baja.

☐ Poner algo para obtener beneficio.

☐ Algo difícil de explicar, que no se entiende.

☐ Elevación natural del terreno.

☐ Que provoca una emoción profunda.

☐ Juego de palabras en el que se debe descubrir algo oculto.

Sopa de letras

Busca las palabras de la nota en la sopa de letras.

H	M	O	N	E	D	A	L
I	A	B	C	S	H	I	Z
S	S	A	U	T	O	R	A
T	I	N	E	A	S	S	P
O	O	C	N	Y	E	R	A
R	N	O	T	C	O	M	T
I	O	D	O	I	N	E	O
A	R	O	P	O	E	M	A

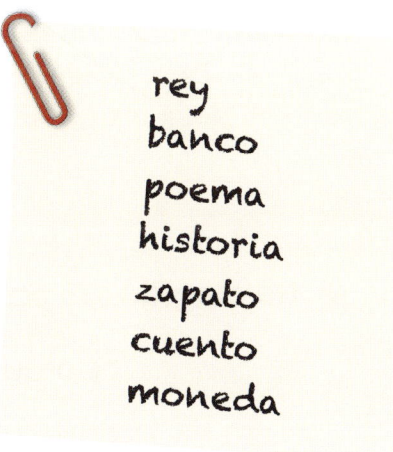

rey
banco
poema
historia
zapato
cuento
moneda

→ **Forma la respuesta a la pregunta con las letras que sobran.**

¿Qué son las historias en el País de los Cuentos?

....

A ver si recuerdas

Tacha las cinco palabras que no estaban en la nota del ejercicio anterior.

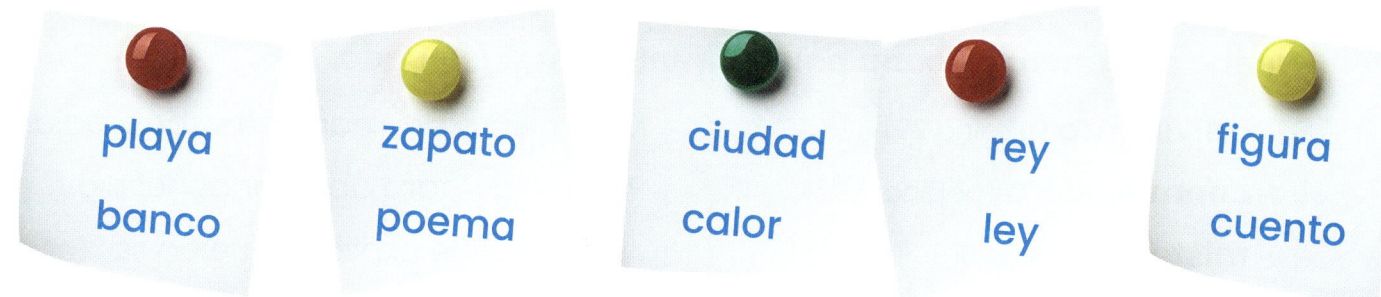

playa

banco

zapato

poema

ciudad

calor

rey

ley

figura

cuento

En clave

Lee el texto y elige las dos palabras que consideres más importantes para resumirlo.

> A la gente le pagan su salario en historias. En el banco no se guarda dinero, sino historias, y la gente más rica es la que tiene más historias que contar.

➡ **He elegido las palabras...**

.... : porque ....

.... : porque ....

➡ **Escribe un resumen, sin fijarte en el texto, usando las palabras elegidas.**

....

....

¡Mucha atención!

Observa el recuadro y responde lo más rápido que puedas.

→ **¿Qué número se repite tres veces?** _____

→ **¿Qué número se repite dos veces?** _____

→ **¿Qué número no se repite?** _____

→ **¿Cuántas letras diferentes hay en total?** _____

¿Cuidas la velocidad?

Lee las palabras en negrita muy rápido y las subrayadas muy despacio. Prepara antes la lectura en silencio.

Y ahora, creo que lo que debemos hacer es ir al banco.
—**¿Al banco?**
—Claro. De joven, <u>cuando venía por aquí</u>, dejé algunas historias guardadas en el banco. **Allí deben de estar todavía...** <u>Quizás entre ellas encontremos alguna que trate de la nieve.</u> Para eso hemos venido, ¿sabes? <u>Para recuperarlas.</u> **Vamos, ponte las botas.** Yo voy a ponerme los zapatos. **Podemos subir por esas escaleras...** Ya es hora de que conozcas <u>el resto de la ciudad.</u>

Autoevaluación

¿Has usado la **intensidad** y **volumen** adecuados para leer el texto?

Valóralo del 1 al 10

1 2 3 4 5 6 7 8 9 10

Solo con los ojos

Lee las palabras de cada etiqueta de un solo golpe de vista.

Clara   y su abuela   suben   al paseo   marítimo   y se meten

en una   calle   cubierta   por toldos   blancos   y azules.   Hace

bastante   calor.   Ante   una   de las casas   se ve   a un hombre

subido   a un   andamio.   Tiene   la barba   rubia   y los ojos

azules,   y está   pintando   la fachada.

➡ **¿Qué hacía el hombre?** ....

Lee las palabras varias veces fijando la vista en el punto.

rubia ● verde	banco ● barba
calor ● calle	verte ● globo
cubo ● barba	color ● lleva

➡ **¿Qué palabra se repite dos veces?** ....

¿Cuántas veces se repite la primera palabra de cada serie?

cima	lima, sima, cima, prima, cena, mima, cima, cocina, grima, clima, cima, rima, cinta, cima, china, coma, cita, pina, cima, misa.	🔲
zapato	zopenco, zapato, zafiro, pacato, zapato, tipazo, flechazo, zapato, tapado, barato, zancada, zapato, sensato, cazado, forzado, zapato, ingrato, beato, refajo, trabajo.	🔲
poema	problema, poema, pomo, pomada, teorema, poema, lema, poema, fonema, poeta, poema, probeta, dilema, pulida, poema, poner, panera, panela, poema, paleta.	🔲

Un folleto turístico

Lee el folleto de la oficina de turismo del País de los Cuentos
y realiza las actividades.

¡Te damos la bienvenida al País de los Cuentos! Aquí, cada rincón está lleno de magia y diversión.

1. La playa de las historias

En la playa podrás bañarte en el mar, construir castillos en la arena y escuchar las historias que susurran las caracolas.

2. El Palacio Real de los Cuentos

En lo alto de la colina se encuentra el gran palacio. El rey de los Cuentos te espera dentro con historias increíbles.

3. La plaza del mercado

En la plaza todas las mañanas se instalan los puestos en los que se compran y venden todo tipo de historias.

4. La galería de arte

En la galería de arte se exponen algunas de las mejores obras realizadas por nuestros artísticos basureros.

¡Recuerda! En el País de los Cuentos, todo se paga con historias. Así que ¡prepárate para compartir las tuyas y disfrutar de las que te cuenten!

➡ **Indica si las siguientes afirmaciones son verdaderas (V) o falsas (F).**

V   F

1 En la playa de las historias, las caracolas cuentan cuentos. ☐ ☐

2 El palacio real está situado al lado de la plaza. ☐ ☐

3 En la plaza del mercado, se venden historias por las tardes. ☐ ☐

4 En la galería, los basureros guardan sus herramientas. ☐ ☐

➡ **¿Qué debes recordar al visitar el País de los Cuentos?**

....

➡ **¿Qué lugar visitarías si fueras al País de los Cuentos?**

....

¡Empezamos!

Lee de la **página 35** a la **42** y, después, realiza las actividades.

→ **¿Por qué el rey se dedica a pintar paredes?**

a Porque está aburrido de ser rey.

b Porque le gusta y necesita ganar dinero.

c Porque quiere decorar su palacio.

→ **¿Qué es lo que más le gusta hacer al basurero Antonio?**

a Crear obras de arte con la basura reciclada.

b Recoger basura de manera rápida.

c Organizar desfiles.

→ **¿Qué hacen en el banco con las historias que llevan las personas?**

a Las venden en forma de libros.

b Las cambian por monedas.

c Las convierten en billetes de colores.

→ **¿Qué hace la abuela cuando no encuentra la historia de nieve en el banco?**

a Decide escribir una nueva historia.

b Va al mercado a comprarla.

c Quiere volver al mundo real.

→ **Numera del 1 al 4 estas situaciones según el orden en el que suceden.**

☐ La abuela va al mercado a buscar una historia sobre la nieve.

☐ En el banco, la empleada entrega a la abuela sus historias.

☐ Clara pregunta por qué el rey pinta paredes siendo rey.

☐ La abuela se decepciona al no encontrar una historia sobre la nieve.

→ **¿Qué harías tú con la basura si estuvieras en el País de los Cuentos? Explica por qué.**

....

....

....

....

Juega con las palabras

Busca cada palabra en la página indicada del libro. Lee el párrafo en el que está para deducir su significado.

➡ **Marca la definición correcta.**

- **combinando** (página 36)

  ☐ Separando objetos en grupos diferentes.

  ☐ Haciendo que una cosa concuerde con otra.

- **exploradores** (página 36)

  ☐ Personas que viajan por diferentes mundos y traen historias.

  ☐ Científicos que estudian planetas lejanos.

- **decepcionada** (página 38)

  ☐ Emocionada o feliz por algo.

  ☐ Desilusionada porque algo no es como esperaba.

- **empleada** (página 38)

  ☐ Persona que trabaja para otra persona o en una empresa.

  ☐ Persona que está comprando algo en una tienda.

- **fajo** (página 38)

  ☐ Tira de tela que rodea la cintura.

  ☐ Conjunto de cosas unidas.

- **canela** (página 42)

  ☐ Condimento con un olor y un sabor agradable.

  ☐ Bebida dulce de color marrón.

➡ **Completa las oraciones con algunas de las palabras de la actividad anterior.**

Tenía un _____ de cartas viejas que le traían muchos recuerdos. Pertenecían a la época en que sus abuelos eran unos auténticos _____, y hablaban de lugares completamente desconocidos para la mayoría.

Las cartas estaban escritas con una letra elegante y tenían un ligero aroma a _____, como si su abuela hubiera querido dejar un toque especial en cada una.

Ponle título

Escribe al lado de cada título el número que se corresponde con las oraciones del recuadro.

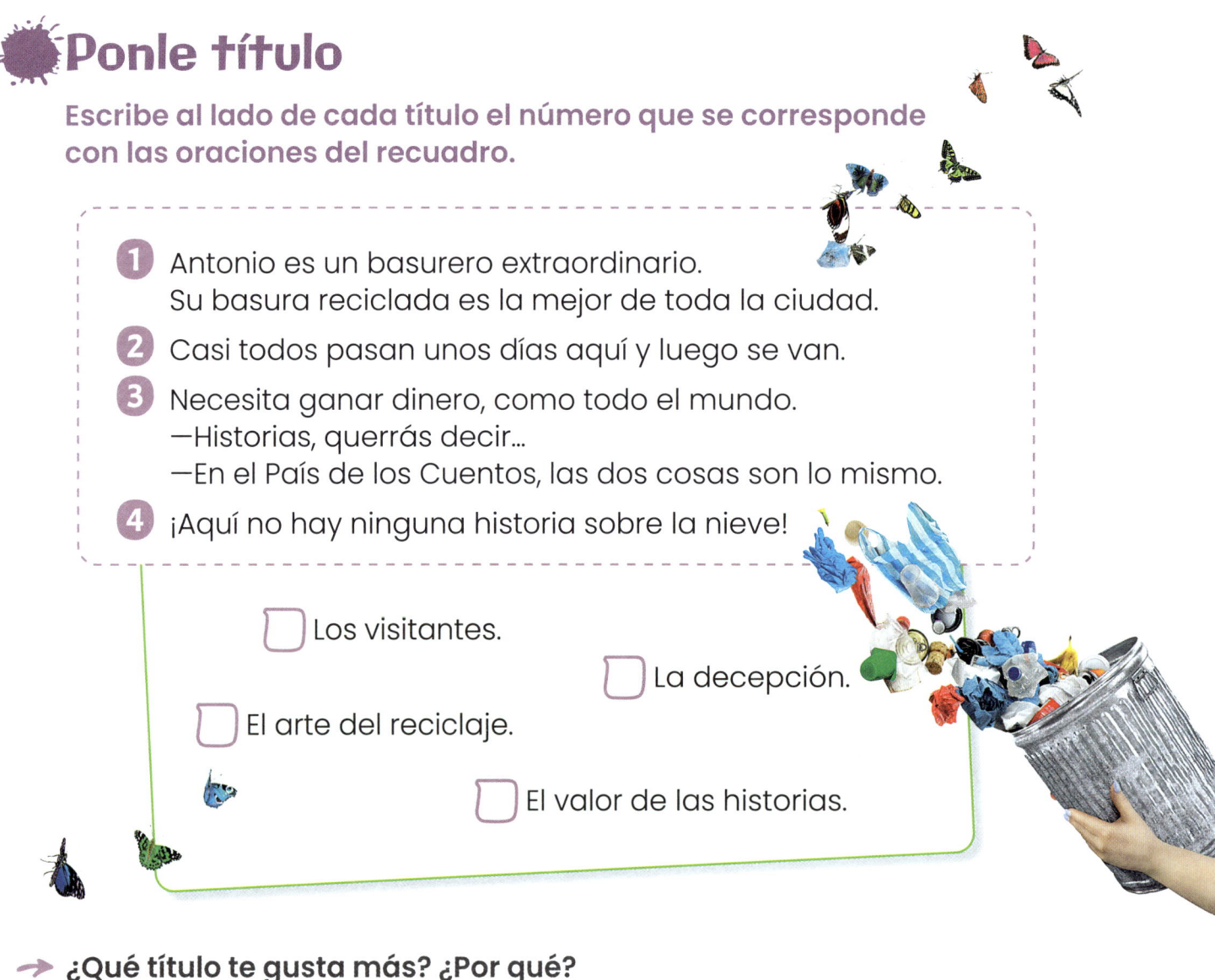

1. Antonio es un basurero extraordinario.
   Su basura reciclada es la mejor de toda la ciudad.

2. Casi todos pasan unos días aquí y luego se van.

3. Necesita ganar dinero, como todo el mundo.
   —Historias, querrás decir...
   —En el País de los Cuentos, las dos cosas son lo mismo.

4. ¡Aquí no hay ninguna historia sobre la nieve!

☐ Los visitantes.

☐ La decepción.

☐ El arte del reciclaje.

☐ El valor de las historias.

→ ¿Qué título te gusta más? ¿Por qué?

....

....

Palabra intrusa

Tacha la palabra que no corresponde al sentido de las oraciones.

Mientras hablan, Clara y la abuela llegan • llegaban al mercado. Es una plaza muy grande llena sin • de puestos con toldos de colores. En los puestos se • si puede ver • visto la mercancía de las • los vendedores: billetes azules, verdes, granates ni • y amarillos con historias escritas sobre • encima ellos; monedas con pares de palabras, y muchos libros de todos los tamaños. Casi todos los libros llevasen • llevan dibujos.

¡Mucha atención!

Escribe cuántas veces se repiten los objetos.
Cuenta solo con la vista.

.... veces.

.... veces.

.... veces.

.... veces.

¿Te adelantas al texto?

Lee este texto en voz alta sustituyendo los números por las palabras correspondientes.

1. azules

2. así

3. ventanas

4. empleados

5. colas

6. Clara

Por fin, (**6**) y la abuela llegan al banco. Es un edificio muy grande con pinturas en el techo y (**3**) de colores. Ante las ventanillas hay (**5**) de personas esperando su turno. Llevan sus historias escritas en papeles verdes, (**1**), granates y amarillos. Los (**4**) del banco sellan esos papeles, y (**2**) los convierten en billetes.

Autoevaluación

¿Te **adelantas** al texto antes de pronunciarlo?

Valóralo del **1 al 10**

1 2 3 4 5 6 7 8 9 10

Solo con los ojos

Lee las palabras de cada columna de arriba abajo.

La
empleada
desaparece
en
la
parte

de
atrás
del
banco,
que
es

en
realidad
una
gigantesca
caja
fuerte.

→ **¿Qué es la parte de atrás del banco?**

....

Lee las palabras varias veces fijando la vista en el punto.

teatro	●	nieta		techo	●	licor
ganar	●	pintar		forma	●	toldo
luego	●	toldo		colas	●	plaza

→ **¿Qué palabra se repite dos veces?** ....

Busca las palabras que no se repiten y escríbelas.

comercial	solución	amarillos	vistazo
billetes	colores	papeles	comercial
basurero	solución	billetes	colores
papeles	vistazo	amarillos	....

nombre	monedas	manzana	vainilla
tamaños	vainilla	amigos	canela
amigos	canela	tamaños	manzana
mercado	nombre	monedas	....

Tique de compra

Lee con atención este tique y realiza las actividades.

```
**** PUESTO DE HISTORIAS HISTORIADAS ****
          Plaza del Mercado, puesto 7
-----------------------------------------------

   ARTÍCULO         CANT.      PRECIO
HISTORIA DE BRUJAS    1     2 BILLETES GRANATES
POEMA DE CANELA       1     1 MONEDA DE PLATA
PAR DE PALABRAS       1     1 MONEDA DE COBRE
CHISTE DE DRAGONES    1     1 MONEDA DE ORO
-----------------------------------------------

       Para devoluciones conserve el tique
-----------------------------------------------

     ¡Gracias por comprar en el mercado
           del País de los Cuentos!
   Recuerda que las historias se pueden intercambiar
         o contar a tus amigos y amigas.

              |||||||||||||||||||

12/10/2024  11:45:55    LE ATENDIÓ: MARTINA
```

→ **Indica si las siguientes afirmaciones son verdaderas (V) o falsas (F).**

		V	F
1	La compra se realizó en el puesto de poemas.	☐	☐
2	Se compró un poema y un chiste.	☐	☐
3	La compra se realizó a media mañana.	☐	☐
4	Se pagaron más billetes que monedas.	☐	☐

→ **¿Qué producto no se incluye en la compra?**

☐ Chiste.   ☐ Poema.   ☐ Historia.   ☐ Acertijo.

→ **¿Por qué crees que se incluye la fecha de la compra?**

_____

JUEGO 6

¡Empezamos!

Lee de la **página 43** a la **50**, después, realiza las actividades.

→ **¿Qué buscaba la abuela al principio de la historia?**

a Historias sobre animales fantásticos.

b Historias sobre la nieve.

c Chistes de sombreros.

→ **¿Qué le regaló el vendedor a la abuela?**

a Un cuento sobre animales.

b Un libro sobre chistes.

c Una moneda con las palabras «reno» y «camello».

→ **¿Qué hizo la abuela para pagarle al vendedor?**

a Le dio una moneda de oro.

b Le contó un chiste de sombreros.

c Le ofreció un par de antónimos.

→ **¿Cuál de estos antónimos compró la abuela?**

a Soleado / nublado.

b Rápido / lento.

c Dulce / amargo.

→ **¿Qué ofreció el vendedor a la abuela?**

a Un cuento sobre renos.

b Varios pares de sinónimos.

c Cuatro pares de antónimos.

→ **Después de las compras, la abuela y Clara...**

a van al parque.

b van al banco.

c vuelven a casa.

→ **¿Crees que los antónimos elegidos por la abuela son buenos para hacer una historia sobre la nieve?**

→ **¿Qué otro par de antónimos podrían ser interesantes para una historia sobre la nieve?**

→ **¿Se parecen los parques del País de los Cuentos a los que tú conoces? ¿Por qué?**

Juega con las palabras

Busca cada palabra en la página indicada del libro. Lee el párrafo en el que está para deducir su significado.

1 **agotado** (página 46)

2 **indecisa** (página 46)

3 **antónimos** (página 46)

4 **rostro** (página 48)

5 **mamíferos** (página 48)

6 **contrarios** (página 48)

☐ Cara.

☐ Opuestos.

☐ Que se ha acabado o gastado.

☐ Que tiene dificultad para decidirse.

☐ Palabras que significan lo contrario.

☐ Animales vertebrados que se alimentan de leche materna mientras son crías.

En espejo

Lee este texto en espejo y contesta a las preguntas.

La abuela y Clara caminan hasta un parque y se sientan en un banco de madera. Los parques del País de los Cuentos son muy curiosos. En lugar de tener flores, tienen plantas de tomates, lechugas y calabacines. Cuando la gente quiere comer verdura, va al parque y coge lo que necesita. Los árboles no son acacias ni castaños de Indias, sino árboles frutales: manzanos, perales, melocotoneros... Y lo mejor es que dan fruto todo el año. En el País de los Cuentos, nadie pasa hambre.

→ **¿Dónde se sientan la abuela y Clara?**

_____

→ **¿Qué hace la gente cuando necesita verduras en el País de los Cuentos?**

_____

→ **¿Por qué nadie pasa hambre en el País de los Cuentos?**

_____

A ver si recuerdas

Señala con una cruz las seis palabras que aparecen en el texto de la página anterior.

- ☐ abuela
- ☐ bicicleta
- ☐ banco
- ☐ manzanas
- ☐ sombrero
- ☐ parque

- ☐ frutales
- ☐ verdura
- ☐ reloj
- ☐ madera
- ☐ escuela
- ☐ libro

Sigue las pistas

Lee las pistas para averiguar cuál es el parque del País de los Cuentos.

Pistas

Tiene un banco.

En el parque no se pasa hambre.

Tiene plantas de tomates, lechugas y calabacines.

Tiene árboles frutales.

A

B

C

D

➜ El parque del País de los Cuentos es el número _____

Mensaje secreto

Escribe en cada espacio la letra que corresponda según esté a la izquierda (I) o a la derecha (D) de los números y lee la frase oculta.

I		D
U	1	O
H	2	T
E	3	P
D	4	C
L	5	A
I	6	R
S	7	M
B	8	N

3I 8D   3I 5I   3D 5D 6I 7I

4I 3I   5I 1D 7I   4D 1I 3I 8D 2D 1D 7I

8D 5D 4I 6I 3I   3D 5D 7I 5D   2I 5D 7D 8I 6D 3I

¿Levantas la mirada?

Lee este texto en voz baja. Luego, vuelve a hacerlo en voz alta como si presentaras un programa de televisión.

→ Alza los ojos cada vez que encuentres este signo ☉.

—No tengo ningún cuento sobre la nieve ☉ —dice el vendedor—, ☉ pero acabo de recibir unos pares de antónimos ☉ que podrían servir muy bien para inventar una buena historia sobre la nieve. ☉ Si me compra cuatro pares, ☉ de regalo puede llevarse esta moneda. ☉ Mire, tiene la palabra «reno» por una cara ☉ y la palabra «camello» por la otra. ☉ De aquí puede salir un cuento interesante.

Autoevaluación

Al leer, ¿diriges la **mirada** al auditorio?

Valóralo del **1** al **10** →

1 2 3 4 5 6 7 8 9 10

Solo con los ojos

Lee las palabras de cada etiqueta de un solo golpe de vista.

El reno   y el camello   son   dos animales   muy diferentes,   pero   también   se   parecen   en algunas cosas.   Los dos   tienen   cuatro   patas,   los dos   son   mamíferos   y tienen   el cuerpo   cubierto   de pelo.   No son   opuestos,   solo   distintos.

→ ¿Son opuestos el reno y el camello?

Lee las palabras varias veces fijando la vista en el punto.

nieve ● cuatro   cosas ● puesto
toldo ● pares   parque ● hambre
cosas ● cuento   compra ● patas

→ ¿Qué palabra se repite dos veces?

Escribe las palabras que se repiten en cada columna y el número de veces que lo hacen.

A	B
perro	cuento
bajada	cemento
abuela	camello
parque	plantas
puerro	cuerno
abuela	camino
abeja	plantas
parque	cuento
baile	cuerda
abuela	plantel

A

B

La recolección

Lee las instrucciones para recolectar hortalizas y realiza las actividades.

CÓMO RECOLECTAR HORTALIZAS

1. Antes de empezar, lávate bien las manos con agua y jabón.

2. Busca las hortalizas que estén maduras, como tomates rojos o calabacines verde oscuro.

3. Corta las hortalizas con unas tijeras de podar o una navaja, sin tirar de las plantas.

4. Lava las hortalizas con agua fría para quitar la tierra y posibles bichitos.

5. Guarda las hortalizas en una cesta. Si no las vas a comer de inmediato, guárdalas en la nevera.

➡ **Indica si las siguientes afirmaciones son verdaderas (V) o falsas (F).**

	V	F
1 Las hortalizas se deben cortar tirando de las plantas.	☐	☐
2 Los tomates rojos son los que están maduros.	☐	☐
3 Después de cortar las hortalizas, es importante lavarlas.	☐	☐
4 Las hortalizas no deben guardarse en la nevera.	☐	☐

➡ **Añade algún detalle que consideres importante y no aparezca en el texto o esté poco desarrollado.**

_____

 # Organiza las ideas

El cuidado del huerto implica preparar la tierra, plantar las semillas, regar las plantas y recolectarlas cuando estén maduras.

➡ **Identifica en este texto...**

- El concepto central: ....

- Los conceptos principales: ....

  ....

- Las palabras de enlace: ....

➡ **Ahora, completa el gráfico.**

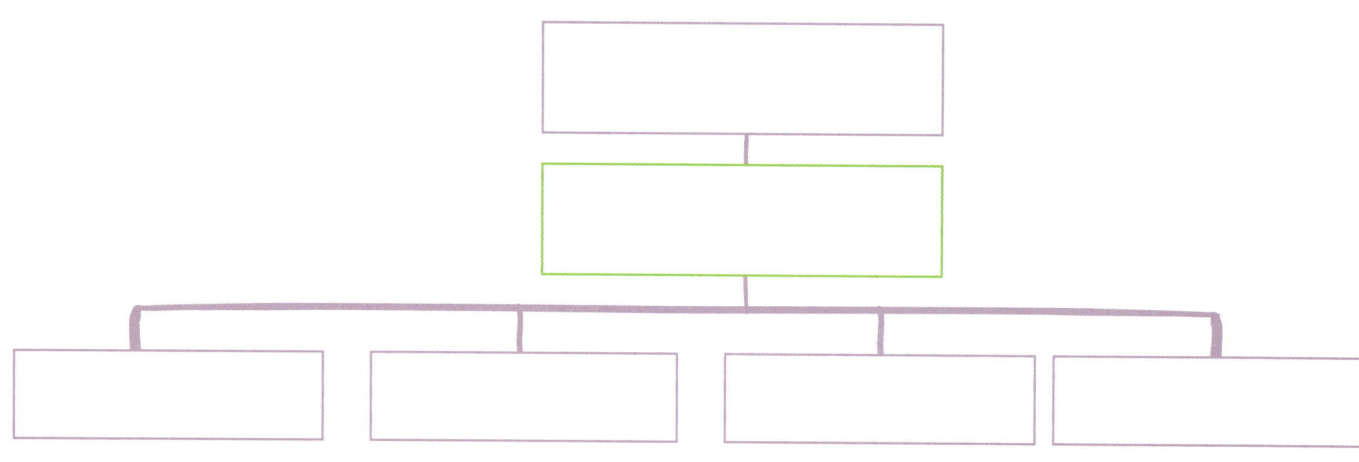

¡Y al revés!

➡ **Leyendo solo el mapa conceptual, intenta reconstruir el texto con tus palabras.**

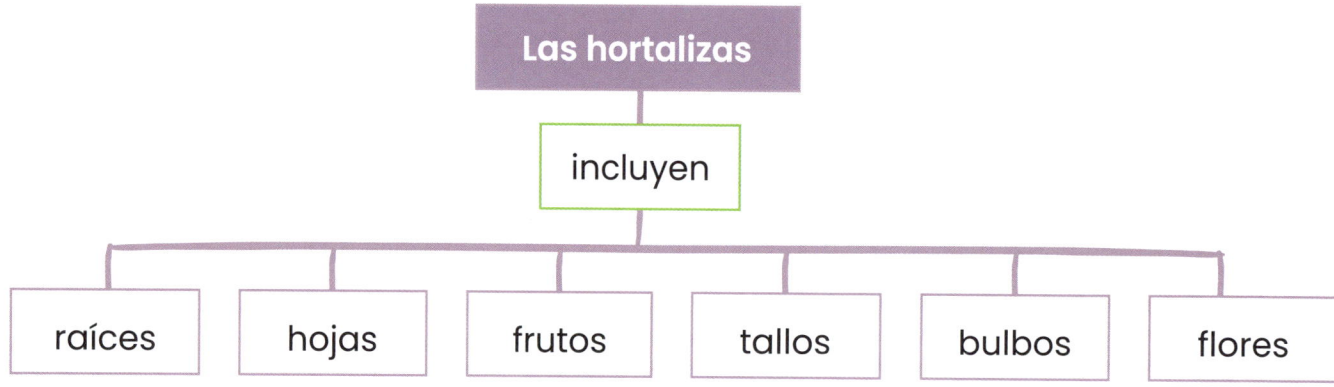

El mercado

Presta mucha atención al texto que vas a escuchar. Luego, realiza las actividades.

El texto está en las páginas 46 a 48 del libro.

→ **¿Qué le dijo el vendedor a la abuela para que comprase?**

a Es la mejor oferta que va a encontrar.

b Tengo el mejor género del mercado.

c De aquí puede salir un cuento interesante.

→ **¿Qué aprendió Clara sobre los antónimos?**

a Que no se pueden usar para inventar historias.

b Que son palabras con significados opuestos.

c Que todos los animales son antónimos.

→ **¿Qué pregunta le hizo Clara a su abuela sobre los antónimos?**

a ¿Qué son los antónimos?

b ¿Cuántos antónimos podemos comprar?

c ¿Por qué no compramos sinónimos?

→ **¿Qué le pareció al vendedor que la abuela pagara con un chiste de sombreros?**

a No le gustó porque tenía muchos.

b Se conformó, aunque no se venden bien.

c Le gustó porque se venden bien.

→ **Relaciona cada frase con el personaje que la dice.**

1 ¿Y los antónimos sirven para inventar historias?

2 Los antónimos son palabras que significan lo contrario.

3 Las historias sobre la nieve se han agotado.

4 Mire, tiene la palabra «reno» por una cara y la palabra «camello» por la otra.

☐ Abuela   ☐ Vendedor   ☐ Clara   ☐ Narrador

→ **Ponte en el lugar de la abuela. ¿Te parece bien la oferta que le hace el vendedor ante la falta de historias sobre nieve? ¿Por qué?**

....

....

→ **Inventa un nuevo título para el texto que has escuchado.**

....

JUEGO 7

¡Empezamos!

Lee de la página 51 a la 58 y, después, realiza las actividades.

→ **¿Para qué quería la señora los tomates del parque?**

a Para hacer una ensalada.

b Para untar una tostada de jamón.

c Para hacer una salsa de tomate para los macarrones.

→ **¿Qué problema detectó el mago en la ciudad?**

a La montaña no dejaba pasar la brisa del mar.

b Estaba a una gran altitud.

c Le habían echado una maldición.

→ **¿Qué problema tenían los habitantes al principio del cuento?**

a La arena se acumulaba.

b No dejaba de nevar.

c Llovía tanto que todo estaba inundado.

→ **¿Qué pasó tras la intervención del mago?**

a Vino la lluvia y se deshizo la nieve.

b Las plantas crecieron por todas partes.

c Hacía un calor insoportable.

→ **Numera del 1 al 4 estas situaciones, según el orden en el que suceden.**

☐ La gente comienza a extrañar la nieve.

☐ La nieve entra en las casas por las chimeneas y rendijas.

☐ El mago hace desaparecer la montaña y empieza a hacer calor.

☐ Los habitantes construyen rascacielos con invernaderos en los pisos altos.

→ **¿Qué etapa de la ciudad te parece peor?**

☐ La etapa del frío y la nieve.

☐ La etapa del calor y la arena.

→ **Explica por qué has elegido esa opción.**

....

....

....

Juega con las palabras

Busca cada palabra en la página indicada del libro. Lee el párrafo en el que está para deducir su significado.

➡ **Escribe el número de cada palabra junto a su significado.**

1 **trineos** (página 54)

2 **robot** (página 56)

3 **rascacielos** (página 56)

4 **invernaderos** (página 56)

5 **brisa** (página 56)

6 **opacas** (página 58)

☐ Lugares cerrados con temperatura controlada para cultivar plantas.

☐ Viento suave y ligero.

☐ Vehículos que se deslizan sobre la nieve.

☐ Que no dejan pasar la luz.

☐ Edificio extremadamente alto.

☐ Máquina programada para realizar tareas de manera automática.

➡ **Escribe la palabra del ejercicio anterior que corresponda a cada dibujo.**

A

B

C

➡ **Señala las oraciones en las que la palabra resaltada se utiliza correctamente.**

☐ En la ciudad, los habitantes usaban **rascacielos** para rastrillar la nieve.

☐ Las ventanas de los rascacielos se volvieron **opacas** para que no entrara tanto sol.

☐ Las plantas crecieron protegidas del frío dentro de los **invernaderos.**

☐ El rey y su séquito sobrevolaban la ciudad subidos en grandes **trineos** de madera.

En clave

Lee el texto y elige las dos palabras que consideres más importantes para resumirlo.

> La montaña no deja pasar la brisa cálida del mar.
> Las nubes se enganchan en su pico, se enfrían y producen nieve.

....

➜ **Escribe un resumen sin fijarte en el texto usando las palabras elegidas.**

....

....

....

¿Qué falta?

➜ **Completa esta tabla con los verbos y los nombres que faltan.**

Verbos	Nombres
	habitantes
construir	
	nieve
solucionar	
	planta

➜ **Forma tres oraciones con algunas de las palabras anteriores.**

1 ....

2 ....

3 ....

¡Mucha atención!

Todas las plantas se repiten menos una. ¿Cuál es? Rodéala.

¿Cómo es tu entonación?

Lee en voz alta las siguientes oraciones, cada vez con una de las entonaciones propuestas.

interrogación • exclamación • enfado • pena

- Allí plantaron tomates, pepinos, patatas y cebollas.
- Puedo hacer desaparecer la montaña.
- Ya nunca hacía frío; siempre hacía un calor insoportable.

Autoevaluación

¿Utilizas la **entonación** adecuada en la lectura en voz alta?

Valóralo del 1 al 10

1 2 3 4 5 6 7 8 9 10

Solo con los ojos

Érase   una vez   una ciudad   donde   siempre   estaba   nevando.

Hacía años   y   años   que no   dejaba   de nevar.

En las calles   había   tanta   nieve   acumulada   que   ya no

se podía   andar   por ellas.

➜ **¿Qué había en las calles?**

Lee las palabras varias veces fijando la vista en el punto.

nieve • mago	planta • coche
trineo • hambre	cristal • nubes
renos • ciudad	casas • mago

➜ **¿Qué palabra se repite dos veces?** ....

¿Cuántas veces se repite la primera palabra de cada serie?

nieve	nubes, nevar, nieve, niebla, nieve, viene, nevera, viese, nieve, nevera, nevar, nieve, niebla, viene, nieve, nubes, nieve, nevar, niebla, nieve.	⬜
mago	mago, mango, mago, amigo, mago, mapa, mejor, mago, mejor, mago, goma, mago, amigo, mango, mago, mapa, amago, goma, mago, mango.	⬜
piso	paso, piso, peso, piso, quiso, poso, piso, guiso, piso, dijo, peso, guiso, piso, paso, piso, puso, piso, dijo, piso, paso, piso, quiso.	⬜
pato	pato, plato, gato, palo, pato, patio, pasto, plato, gato, pato, palo, patio, pasto, plato, pato, gato, palo, patio, pasto, plato, gato, pato.	⬜

Magia de cuento

Lee con atención la publicidad sobre una actuación y realiza las actividades.

El Mago Cuentacuentos presenta su espectáculo:

Una magia de cuento

En el que te llevará de viaje por los cuentos clásicos y sus mejores pócimas y hechizos.

Con la colaboración del «Cuentista Mágico».

Adultos: 2 billetes amarillos
Niños: 3 monedas de bronce
Jubilados: 1 billete granate
Estudiantes: 2 billetes verdes

Lugar de celebración:
Gran Teatro de los Cuentos.
Fecha: Del 12 al 15 de enero, a las 18:00 horas

→ Indica si las siguientes afirmaciones son verdaderas (V) o falsas (F).

	V	F
1 El festival de magia se celebra en agosto.	☐	☐
2 El espectáculo empieza a las 18:00 horas.	☐	☐
3 Colabora en la actuación el «Cuentista Mágico».	☐	☐
4 Se celebra en el Gran Teatro de la Magia.	☐	☐

→ Relaciona cada tipo de persona con el precio que debe pagar por la entrada.

adultos •   • 3 monedas de bronce

niños •   • 2 billetes verdes

jubilados •   • 2 billetes amarillos

estudiantes •   • 1 billete granate

→ ¿Qué hechizos de cuentos clásicos crees que puede simular el espectáculo? Razona tu respuesta.

JUEGO 8

¡Empezamos!

Lee de la página 59 a la 65 y, después, realiza las actividades.

→ **¿Qué pidieron los habitantes al mago?**

a Algo para retener la arena.

b Que volviera a nevar.

c No pasar tanto calor.

→ **¿Qué dijo el mago a los habitantes?**

a Que siempre estaban contentos.

b Que nunca estaban satisfechos.

c Que el clima no les importaba.

→ **¿Cómo se resolvió el problema?**

a Construyeron un muro.

b Se mudaron a otra ciudad.

c Una maga hizo crecer una colina pequeña.

→ **¿Qué sugirió Clara a su abuela después de escuchar la historia?**

a Que escribiera la historia.

b Escribir su propio cuento.

c Jugar en el parque.

→ **Indica si cada una de estas afirmaciones es una opinión (O) o un hecho (H).**

	O	H
1 La maga ofreció una solución intermedia para el problema del clima.	☐	☐
2 Clara piensa que la historia de la abuela es estupenda.	☐	☐
3 El mago dijo que los habitantes nunca estaban contentos con el clima.	☐	☐
4 Es extraño que el policía lleve un violín en el cinturón.	☐	☐

→ **¿Crees que el mago tenía razón al decir que los habitantes nunca estarían satisfechos? Explica tu respuesta.**

☐ Sí.   ☐ No.

Juega con las palabras

Busca cada palabra en la página indicada del libro. Lee el párrafo en el que está para deducir su significado.

→ **Escribe el número de cada palabra junto a su significado.**

1 **colina** (página 60)

2 **ardiente** (página 60)

3 **admiración** (página 64)

4 **cuenta** (página 64)

5 **uniforme** (página 64)

6 **brocha** (página 64)

☐ Depósito de dinero en el banco.

☐ Ropa distintiva de un trabajo.

☐ Algo que desprende mucho calor.

☐ Instrumento para pintar.

☐ Pequeña elevación de terreno.

☐ Respeto o consideración positiva hacia alguien o algo.

Texto partido

Parte de este texto se ha cortado, pero seguro que eres capaz de leerlo. Después, contesta a las preguntas.

> Cuando salen, caminan de nuevo hacia la playa. Se está haciendo tarde, y es hora de regresar al mundo normal. En la playa se encuentran de nuevo al rey, que está pintando una barca de rojo. Junto a él hay un hombre con un uniforme azul y un violín colgado del cinturón. Parece que le está ayudando.

→ **¿Qué hicieron al salir?**

....

→ **¿A quién encontraron de nuevo y qué estaba haciendo?**

....

→ **¿Quién estaba junto a él?**

....

→ **¿Qué parecía que hacía?**

....

A ver si recuerdas

Recuerda el texto de la actividad anterior. Fíjate bien en los dibujos y ordénalos según aparecen en él.

Un recorrido

Sigue en el mapa el recorrido que se indica.

➡ **Colócate en el punto de salida y avanza los siguientes cuadros:**

1	3 cuadros hacia el norte
2	4 cuadros hacia el este
3	2 cuadros hacia el norte
4	4 cuadros hacia al este
5	2 cuadros hacia el norte
6	2 cuadros hacia el oeste
7	1 cuadros hacia el norte

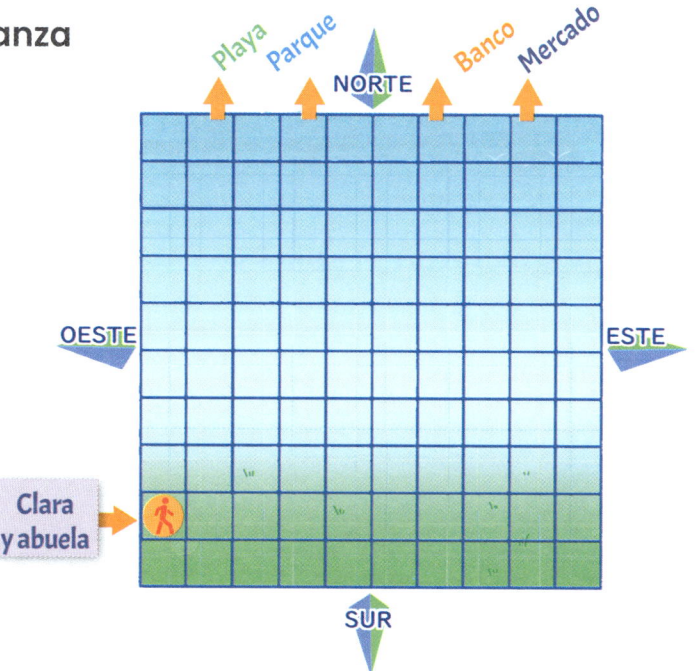

➡ **¿Dónde fueron Clara y la abuela?**

¡Mucha atención!

Fíjate en los dibujos del cuadro número 1. Escribe el número del dibujo que falta en los siguientes cuadros.

¿Cómo lees?

Lee este texto subiendo o bajando la entonación en la dirección que indique cada flecha.

Entonces volvió el mago. ↓

—¡Queremos que vuelva a nevar! ↑ —le dijeron—. ↓ ¿No podrías volver a colocar la montaña en su sitio? ↑

—Podría hacerlo —dijo el mago—. ↓ Pero entonces volveríais a quejaros. ↓ En lugar de quejaros del calor, ↑ os quejaríais del frío. ↓ En lugar de odiar el cielo soleado, ↑ odiaríais el cielo nublado. ↓ Nunca estáis contentos... ↑

Y se fue sin decir adiós. ↓

Autoevaluación

¿Haces las pausas correctamente y con naturalidad?

Valóralo del 1 al 10 →

| 1 | 2 | 3 | 4 | 5 | 6 | 7 | 8 | 9 | 10 |

Solo con los ojos

Lee el texto intentando abarcar cada línea en un solo golpe de vista.

La
maga
hizo
lo que
había
prometido
y colocó
una colina

entre el mar
y la ciudad.
Ahora ya
no hacía
ni mucho
frío
ni mucho
calor.

➡ **¿Qué colocó la maga entre el mar y la ciudad?** _____

Lee las palabras varias veces fijando la vista en el punto.

playa ⬤ brocha	barca ⬤ bolso
bolso ⬤ hombre	boca ⬤ pata
papel ⬤ brecha	bolsa ⬤ banco

➡ **¿Qué palabra se repite dos veces?** _____

Lee el texto número 1. Subraya en el texto 2 las palabras que han cambiado.

1

Ahora ya no hacía ni mucho frío ni mucho calor. El cielo unas veces estaba soleado y otras, nublado.

Las paredes de las casas eran opacas y las ventanas, transparentes. En resumen, la ciudad se convirtió en un lugar normal y bastante cómodo para vivir. ¡Y colorín colorado, este cuento se ha acabado!

2

Ahora ya no hacía ni mucho frío ni mucho calor. El cielo a veces estaba soleado y otras, nublado.

Las paredes de los edificios eran opacas y las ventanas, traslúcidas. En definitiva, la ciudad se convirtió en un sitio normal y bastante agradable para vivir. ¡Y colorín colorado, este cuento se ha terminado!

El mapa de la ciudad

Observa con atención el mapa de la ciudad y su entorno y realiza las actividades.

➡ **Indica si las siguientes afirmaciones son verdaderas (V) o falsas (F).**

		V	F
1	Entre el desierto y la ciudad hay una colina.	☐	☐
2	La brisa procede del mar.	☐	☐
3	Las nubes son capaces de superar la colina.	☐	☐
4	El sol sale por el este y se pone por el oeste.	☐	☐

➡ **Señala en qué punto cardinal se encuentran estos lugares del mapa respecto de la ciudad.**

	N	S	E	O
• Río.	☐	☐	☐	☐
• Cordillera.	☐	☐	☐	☐
• Desierto.	☐	☐	☐	☐
• Mar.	☐	☐	☐	☐

➡ **¿Qué crees que podría ocurrir con el clima si soplaran constantemente vientos del norte?**

_____

JUEGO 9

LEE EN SILENCIO

Puedes consultar el libro las veces que lo necesites

¡Empezamos!

Lee de la **página 66** a la **73** y, después, realiza las actividades.

→ Indica si las siguientes afirmaciones son verdaderas (V) o falsas (F).

	V	F
1 En el País de los Cuentos, los policías atrapan a los delincuentes con un violín.	☐	☐
2 Clara y su abuela se despidieron del rey y el policía en la playa.	☐	☐
3 Para volver del País de los Cuentos, solo hay que pensar en un deseo.	☐	☐
4 Clara se siente un poco mareada tras el viaje de vuelta.	☐	☐
5 Clara y la abuela regresaron a casa a través de una puerta mágica en la biblioteca.	☐	☐
6 Dudan si Genoveva también conoce el secreto de la puerta mágica.	☐	☐

→ Relaciona a los personajes con las acciones que realizan en el texto.

El policía ●   ● Se preocupa porque no ha preparado la comida.

El ladrón ●   ● Toca el violín para detener a los ladrones.

Clara ●   ● Llora al escuchar el violín y se arrepiente.

La abuela ●   ● Espera que vuelvan pronto.

El rey ●   ● Dice a la abuela que le encanta el País de los Cuentos.

Genoveva ●   ● Se despide de Clara y la abuela con la mano.

→ **¿Te gustaría visitar un lugar como el País de los Cuentos? ¿Por qué?**

....

....

Juega con las palabras

Busca cada palabra en la página indicada del libro. Lee el párrafo en el que está para deducir su significado.

1 **malhechores** (página 66)

2 **emoción** (página 66)

3 **sistema** (página 66)

4 **regresar** (página 66)

5 **mostrador** (página 68)

6 **mareada** (página 68)

☐ Superficie elevada donde se atiende a la gente.

☐ Volver al lugar de origen.

☐ Conjunto de reglas que organizan algo.

☐ Sensación de inestabilidad y náuseas.

☐ Sentimiento intenso de alegría, tristeza, miedo...

☐ Personas que cometen actos malvados o delitos.

➡ Escribe la palabra del ejercicio anterior que se corresponda con la imagen.

➡ Señala la oración en la que la palabra resaltada se utiliza correctamente.

☐ El **malhechor** ganó el premio al mejor estudiante del año en su escuela.

☐ Al volver a ver a sus abuelos, después de tanto tiempo, no pudo contener la **emoción.**

Al completo

Completa el texto escribiendo los números de las palabras que faltan.

¡Fíjate en el ejemplo!

1	**2**	**3**	**4**
salen por	Se siente	se ponen	le da

Clara y la abuela **3** los zapatos, vuelven a colocar los libros en el estante y ⬜ un largo pasillo hasta el mostrador de la biblioteca. Clara ⬜ la mano a su abuela. ⬜ un poco mareada.

¡Sigue las pistas!

Lee las pistas para averiguar cuál de estas mujeres es Genoveva.

Tiene el pelo canoso.

Está guiñando un ojo.

Tiene un libro abierto sobre el mostrador.

Está sentada frente a un ordenador.

➡ **Genoveva es la número** _____

¿Cuántas veces?

Cuenta las veces en las que aparecen los grupos de letras que se indican.

malhechor   blanco   muchacho   **biblioteca**

hecho   dicho   luchar   cucharón   blanco

página   temblar   pueblo   mueble

CH: _____ BL: _____

¡Os toca!

Preparad este texto para leerlo en voz alta por parejas.

ABUELA. En el País de los Cuentos, cuando se pilla a un delincuente con las manos en la masa, en lugar de apuntarle con una pistola, se le toca el violín. Como todos los policías son músicos buenísimos, el ladrón, al oír la música, se echa a llorar de emoción. Entonces se arrepiente de lo que ha hecho y devuelve lo que ha robado. Es un sistema muy práctico.

CLARA. Cuantas más cosas me cuentas de este lugar, más me gusta. ¿De verdad tenemos que irnos?

ABUELA. Me temo que sí. Tus padres vienen a comer, ¡y todavía no tengo la comida hecha!

CLARA. ¿Y qué hay que hacer para regresar?

ABUELA. Es muy fácil. Solo hay que meter los pies en el mar, cerrar los ojos y no pensar en nada. Dame la mano. ¿Estás preparada? Uno, dos, tres... ¡Adelante!

¡Recordad las habilidades que habéis trabajado!

→ Ahora, volved a leer el diálogo cambiando de personaje.

Autoevaluación

Evalúa del 1 al 10 las **habilidades lectoras** representadas en la tabla.

Valóralo del 1 al 10 → 1 2 3 4 5 6 7 8 9 10

Postura ☐   Mirada ☐   Velocidad ☐   Entonación ☐   Volumen ☐

Solo con los ojos

Lee las palabras de cada etiqueta de un solo golpe de vista.

Mira   a su nieta   y le guiña   un ojo.   Clara   se echa   a reír

y le guiña   un ojo   a   Genoveva.   Y Genoveva   también   se ríe

y le guiña   un ojo   a Clara.   A lo mejor   ella   también

conoce   el secreto   de la puerta…

➜ **¿Quién quizá conozca también el secreto de la puerta?** _____

Lee las palabras varias veces fijando la vista en el punto.

mesa ● nano	mono ● mano
tramo ● mano	manso ● menos
mapa ● plano	mamá ● memo

➜ **¿Qué palabra se repite dos veces?** _____

Busca en la columna las soluciones.

Clara	523
abuela	798
violín	314
playa	671
policía	842
secreto	259
biblioteca	483
mar	110
túnel	932
puerta	357
música	786
zapatos	419

➜ **Escribe el número que corresponda a cada palabra.**

playa: _____

música: _____

secreto: _____

túnel: _____

➜ **Escribe la palabra que se corresponda a cada número.**

483: _____

314: _____

842: _____

798: _____

El País de los Cuentos

Lee las instrucciones sobre el País de los Cuentos y realiza las actividades.

1. Para llegar al País de los Cuentos, retira los libros del estante y mira fijamente la puerta redonda de madera.

2. Infórmate sobre la equivalencia entre los tipos de historias y el dinero al que corresponden.

3. Inventa y escribe alguna historia para poder comerciar con ellas.

4. Dirígete al mercado para intercambiar historias.

5. Lleva tus historias al banco para tu próxima visita.

6. Para dejar el País de los Cuentos, mete los pies en el agua del mar y cierra los ojos.

➡ **Indica si las siguientes afirmaciones son verdaderas (V) o falsas (F).**

	V	F
1 Para ver la puerta de entrada al País de los Cuentos, hay que retirar los libros el estante.	☐	☐
2 Para salir, debes saltar tres veces en la orilla del mar.	☐	☐
3 Es importante que te informes del valor de las historias.	☐	☐
4 No olvides llevar algunos euros para comprar cuentos.	☐	☐

➡ **Si pudieras intercambiar historias por otra cosa, ¿qué te gustaría recibir a cambio de tus historias y por qué?**

_____

Organiza las ideas

Lee este texto.

En el País de los Cuentos, todos los habitantes son grandes artistas. El alcalde decora cajas para guardar copias de las leyes; los basureros crean esculturas para reciclar la basura; los policías tocan el violín para conmover y detener a los malhechores. La creatividad es parte fundamental de la vida diaria.

➡ **Ahora completa el gráfico.**

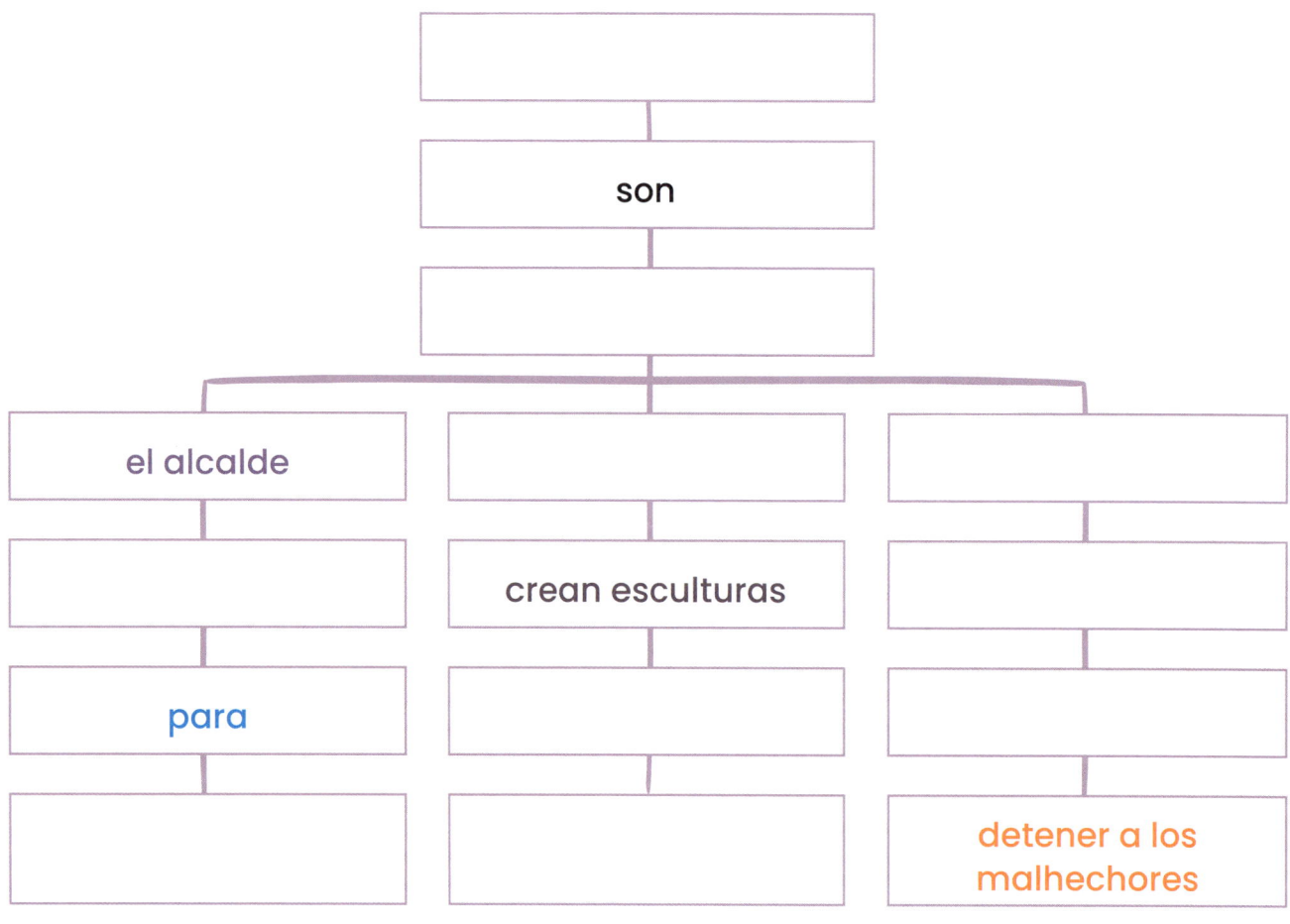

¡Y al revés!

➡ **Leyendo solo el gráfico, intenta reconstruir el texto con tus palabras.**

Vuelta a casa

**Presta mucha atención al texto que vas a escuchar.
Luego, realiza las actividades.**

El texto está en las páginas 64 a 70 del libro.

➡ **Marca con una cruz las tres afirmaciones que
son verdaderas.**

- ☐ La forma de actuar de la policía resulta muy práctica.
- ☐ Los malhechores se arrepienten cuando la policía toca el violín.
- ☐ Clara y la abuela caminan por un túnel secreto para volver a casa.
- ☐ Clara iba llorando de la pena por tener que irse.
- ☐ Al volver, un viento frío las levanta del suelo y las arrastra.
- ☐ Clara y la abuela pretenden volver a la biblioteca el sábado siguiente.

➡ **Relaciona cada frase con el personaje que la dice.**

¡Espero que volváis pronto! ●　　　● Abuela

Es decir, si Clara está de acuerdo... ●　　　● Clara

¿De verdad tenemos que irnos? ●　　　● Genoveva

➡ **Numera del 1 al 4 estas situaciones según el orden en el que
suceden.**

- ☐ El viento cálido las levanta y las lleva por el túnel.
- ☐ Clara y su abuela regresan a la biblioteca.
- ☐ Clara y la abuela meten los pies en el agua.
- ☐ Clara se siente un poco mareada al volver.

➡ **Inventa un nuevo título para el texto que has escuchado.**

En la realización de esta obra han intervenido:

Asesoría

Ana Yáñez Rausell

Edición

Ascensión Cuadrado Redondo

Maquetación

Mar Garrido Saldaña

Diseño gráfico

Cristóbal Gutiérrez Camacho y Antonio Sereno Recio

Ilustración

Luis Tobalina Mayoral

Fotografía

123RF y colaboradores e iStock

Los **audios** para «Escucho y Comprendo» (páginas 23, 43 y 63) están disponibles en

Las actividades de este cuaderno, que se basan en el libro *El País de los Cuentos*, de Ana Alonso, publicado por el Grupo Anaya en su colección «Pizca de Sal», están elaborados de acuerdo con los criterios psicopedagógicos y los requerimientos del Proyecto Editorial de Juegos de Lectura - Lectura Eficaz.
La denominación **Juegos de Lectura - Lectura Eficaz** (distintivo con gráfico) está registrada a nombre de Grupo Editorial Bruño, S. L. (marca M1567099).

© del texto: Grupo Editorial Bruño, S. L., 2025
© de esta edición: Grupo Editorial Bruño, S. L., 2025
  Valentín Beato, 21
  28037 Madrid

ISBN: 978-84-696-3586-5
Depósito legal: M-835-2025

Printed in Spain